Schnitzel

Schnitzel

garant

Damit Ihre Schnitzel auch wirklich gelingen, sollten Sie einige wenige Regeln beachten. Das Wichtigste ist natürlich die Qualität des Fleisches, das Sie für Ihre Schnitzelvariationen verwenden. Hier kann Ihnen der Fleischermeister Ihres Vertrauens am besten weiterhelfen. Sie müssen ihm nur genau erklären, für welche Art der Schnitzelzubereitung Sie sich entschieden haben und welches Fleischteil Sie dafür benötigen. Fragen Sie Ihren Metzger nach dem besten Stück Schnitzelfleisch!

Rindfleisch zählt nicht unbedingt zum klassischen Schnitzelfleisch. Nur wenige Teile eignen sich zum Kurzbraten, da die Fleischstruktur sehr faserig ist. Für ein Schnitzel eignet sich neben dem Roastbeef auch das Filet. Wenn Sie diese Teile verwenden, sollten Sie darauf achten, dass dieses Fleisch gut abgehangen, von dunkelroter Farbe und mit dünnen Fettadern durchzogen ist.

Das beste Fleisch liefern die jungen Mastkälber, die etwa mit acht Wochen schlachtreif sind. Dieses Fleisch hat „Biss", es ist nicht wässrig wie das zu junger Tiere, aber auch nicht zu trocken und grobfaserig wie das von älteren Tieren. Die Qualität des Fleisches erkennt man an der feinen, zarten Fleischfaser und der fast weißen bis blassrosaroten Farbe. Für Schnitzel eignen sich alle Teile, die zum Kurzbraten eingesetzt werden. Die zartesten Schnitzel liefert die Kalbsnuss, ein Teil der Kalbskeule. Aber auch Schnitzel aus der Ober- bzw. Unterschale lassen die Herzen der Schnitzelfans höher schlagen. Alle diese Teile werden für die klassischen panierten Schnitzel verwendet. Für die Schnitzel, die „natur" gebraten werden, also ohne Panade, können auch die edleren Teile – Kalbsfilet, Kalbsrückenfilet oder Kalbskotelett – gewählt werden.

Bei der Auswahl für Ihr Schweineschnitzel gelten die gleichen Auswahlkriterien wie beim Kalb. Das Fleisch sollte von Tieren stammen, die ein Alter von etwa 6–7 Monaten und ein Gewicht von 80–100 kg erreicht haben. Gute Fleischqualität erkennt man an einer blassrosa bis blassroten Fleischfarbe. Das Schnitzelfleisch ist mit zarten, feinen Fettadern durchzogen. Auch beim Schweinefleisch verwenden wir für die Zubereitung von Schnitzeln vorrangig die Stücke aus der Nuss, der Ober- und Unterschale. Sehr gute Schnitzel erhalten Sie auch aus dem so genannten Schweinelachs, den man auch als vom Knochen befreiten Schweinerücken kennt. Allerdings sollte man beim Braten dieser Schnitzel darauf achten, dass sie nicht trocken werden. Je nach Dicke der Fleischteile sind diese Schnitzelchen schon nach 2–3 Minuten Bratzeit auf jeder Seite fertig.

Neben der Putenbrust, aus der die Putenschnitzel geschnitten werden, kennen wir hier auch die Hähnchenschnitzel, die in der Regel aus den Hähnchenbrustfilets gewonnen werden. Beide Geflügelschnitzel lassen sich sehr gut zum Panieren verwenden, da diese Geflügelteile eine sehr kurze Garzeit und keine allzu hohe Temperatur benötigen. Die Gefahr, dass die Panade verbrennt, ist dabei sehr gering.

Damit Ihre Schnitzelküche noch abwechslungsreicher wird, sollten Sie auch einmal Lamm- oder Wildschnitzel versuchen. Beim Ausprobieren der Rezepte wünschen wir Ihnen gutes Gelingen und viele Ideen beim Kreieren eigener Schnitzelvariationen.

Ihre Redaktion.

SCHWEINESCHNITZEL „CORDON BLEU"

FÜR 4 PERSONEN:

4 Schweineschnitzel à 200 g
4 Scheiben gekochter Schinken
4 Scheiben würziger Käse
Salz, Pfeffer aus der Mühle
Mehl zum Wenden
2 Eier
150 g Semmelbrösel
Butterschmalz zum Braten
Salatblätter, Tomatenscheiben,
Zitronenscheiben und Kräuterzweige zum Garnieren

1 Die Schweineschnitzel unter fließendem Wasser waschen, trocken tupfen, dünn klopfen, mit je einer Scheibe Schinken und Käse belegen und zusammenklappen.

2 Die Schweineschnitzel mit Rouladennadeln oder Zahnstochern zusammenstecken, mit Salz und Pfeffer würzen und in Mehl wenden.

3 Die Eier in einen tiefen Teller verschlagen und die Semmelbrösel in einem zweiten Teller geben. Die Schweineschnitzel durch die Eier ziehen und mit den Semmelbröseln panieren.

4 Das Butterschmalz in einer Pfanne erhitzen und die Schweineschnitzel darin goldgelb ausbacken, herausnehmen und auf Küchenkrepp abtropfen lassen. Dekorativ anrichten, mit Salatblättern, Tomatenscheiben, Zitronenscheiben und Kräuterzweigen garnieren und mit Kartoffelwedges und Tomatensalat sofort servieren.

Tipp:

Schnitzelbraten ist Erfahrungssache! Sie brauchen dazu eine schwere Pfanne und geschmacksneutrales, hoch erhitzbares Fett, außerdem ein gutes Stück Fleisch, das Zimmertemperatur hat und gewaschen und sehr gut trocken getupft ist.

Das Fett wird erhitzt, bis es leicht raucht, dann legt man das unpanierte Schnitzel ein. Nach einer Minute haben sich die Poren geschlossen und das Schnitzel wird mit einem Pfannenwender (nicht mit der Gabel!) gewendet. Nach einer weiteren Minute wird die Hitze reduziert und das Schnitzel unter mehrmaligem Wenden fertig gebraten. Das Schnitzel wird aus der Pfanne genommen, gesalzen und gepfeffert und nach Geschmack serviert oder nach Zubereitung der Soße nochmals erhitzt – aber nicht mehr kochen lassen, denn das Fleisch wird sonst zäh –, angerichtet und serviert.

FERNFAHRER-SCHNITZEL

FÜR 4 PERSONEN:

4 küchenfertige Schweineschnitzel
à 200 g
Salz, Pfeffer aus der Mühle
1 TL Paprikapulver rosenscharf
Mehl zum Wenden
3 Eier
150 g Semmelbrösel
Butterschmalz zum Braten
12 Scheiben Frühstücksspeck
4 Eier
Zitronenscheiben und Kräuterzweige zum Garnieren

1 Die Schweineschnitzel unter fließendem Wasser waschen, trocken
tupfen, leicht klopfen, mit Salz, Pfeffer
und Paprikapulver würzen und in
Mehl wenden.

2 Die Eier in einem tiefen Teller verschlagen und die Semmelbrösel in
einen zweiten Teller geben. Die
Schweineschnitzel durch die Eier ziehen und mit den Semmelbröseln
panieren.

3 Das Butterschmalz in einer Pfanne erhitzen und die Schweineschnitzel darin goldgelb ausbacken,
herausnehmen und warm stellen.

4 Die Frühstücksspeckscheiben im
verbliebenen Bratfett kross braten, herausnehmen, warm stellen und
im verbliebenen Bratfett vier Spiegel-
eier backen.

5 Die panierten Schnitzel dekorativ
anrichten, mit Speckscheiben und
je einem Spiegelei belegen, mit
Zitronenscheiben und Kräuterzweigen
garnieren und mit Krautsalat und
Bratkartoffeln sofort servieren.

Tipp:

Für die Zubereitung von Schnitzeln sollten die Pfannen nicht zu
groß, aber auch nicht zu klein sein. Das Bratgut sollte den Boden
vollständig bedecken, darf aber nicht zu eng zusammenliegen, das
Fett sollte zwischen den Schnitzeln noch sichtbar sein. Am besten
eignen sich Pfannen, die einen schweren Boden und einen gewölb-
ten, hochgezogenen Rand besitzen. Beim Schnitzelbraten benötigen
Sie keinen Deckel, das Gargut wird gebraten und nicht geschmort.

KÖNIGSSCHNITZELCHEN IN KAPERN-WEINBRAND-SOSSE

FÜR 4 PERSONEN:

8 Kalbsschnitzelchen à 80 g
Salz, Pfeffer aus der Mühle
1 Prise Muskat
1 Prise Cayennepfeffer
Butterschmalz zum Braten
100 g Schalotten
2 Knoblauchzehen
1 EL grüne Pfefferkörner
200 ml Weißwein
300 ml Kalbsfond
2 Zweige Rosmarin
1 Stückchen Zitronenschale
heller Saucenbinder zum Binden
125 g Crème fraîche mit Kräutern
einige Tropfen Weinbrand
100 g Riesenkapern aus dem Glas
Petersilienzweige zum Garnieren

1 Die küchenfertigen Kalbsschnitzelchen unter fließendem Wasser waschen, trocken tupfen, mit Salz, Pfeffer, Muskat und Cayennepfeffer kräftig würzen.

2 Das Butterschmalz in einer Pfanne erhitzen und die Kalbsschnitzelchen darin braten, herausnehmen und warm stellen.

3 Die Schalotten und die Knoblauchzehen schälen, fein würfeln, ins verbliebene Bratfett geben und anbraten.

4 Die Pfefferkörner unterrühren, mit Weißwein ablöschen und mit dem Kalbsfond aufgießen. Das Ganze zum Kochen bringen, den verlesenen und klein geschnittenen Rosmarin und die Zitronenschale in die Soße geben und diese 10 Minuten einreduzieren lassen.

5 Die Soße mit etwas hellem Soßenbinder leicht binden. Die Crème fraîche mit Kräutern einrühren, mit Salz, Pfeffer und Cayennepfeffer würzen, mit Weinbrand aromatisieren und die gut abgetropften Riesenkapern in der Soße erhitzen.

6 Die Kalbsschnitzelchen in die Soße legen und erhitzen, aber nicht mehr kochen lassen. Anschließend mit der Soße dekorativ anrichten, mit Petersilienzweigen garnieren und mit bissfest gegarten Nudeln und gemischtem Salat sofort servieren.

KALBSSCHNITZEL IN CHAMPIGNONRAHM

FÜR 4 PERSONEN:

8 küchenfertige Kalbsschnitzelchen
à 90 g
Salz, Pfeffer aus der Mühle
Butterschmalz zum Braten
1 Zwiebel
400 g frische Champignons
Saft von 1 Zitrone
100 ml Weißwein
200 ml Gemüse- oder Fleischbrühe
2 Lorbeerblätter
2 Zweige Salbei
1 Prise Muskat
1 Prise Cayennepfeffer
200 ml süße Sahne
dunkler Soßenbinder
1 Bund Schnittlauch
Kräuterzweige zum Garnieren

1 Die Kalbsschnitzel unter fließendem Wasser waschen, trocken tupfen, leicht klopfen, mit Salz und Pfeffer würzen. Das Butterschmalz in einer Pfanne erhitzen und die Schnitzel darin braten, herausnehmen und warm stellen.

2 Die Zwiebel schälen, fein würfeln, ins verbliebene Bratfett geben und glasig schwitzen. Die Champignons putzen, je nach Bedarf klein schneiden, mit Zitronensaft beträufeln, zur Zwiebel geben und kurz mitschwitzen.

3 Mit Weißwein ablöschen und die Gemüse- oder Fleischbrühe angießen. Das Ganze zum Kochen bringen, die Lorbeerblätter und den Salbei in die Soße geben, mit Salz, Pfeffer, Muskat und Cayennepfeffer kräftig abschmecken und fünf Minuten einreduzieren lassen.

4 Die Lorbeerblätter und den Salbei herausnehmen, die Sahne angießen und die Soße zum Kochen bringen. Mit dunklem Soßenbinder leicht binden, nochmals nachwürzen und den verlesenen, gewaschenen und fein geschnittenen Schnittlauch einrühren.

5 Die Kalbsschnitzel mit der Soße dekorativ anrichten, mit Kräuterzweigen garnieren und mit Zucchinibandnudeln sofort servieren.

Tipp:

Wer besonders fettarm braten möchte, wählt am besten eine beschichtete Pfanne. Sie sollte allerdings nicht zu sehr erhitzt werden. Zum Wenden eignet sich nur ein Holz- oder Kunststoffwender, der die Beschichtung nicht beschädigen kann.

FLORENTINER SCHNITZEL

FÜR 4 PERSONEN:

4 große dünne Kalbsschnitzel
à 180 g
Salz, Pfeffer aus der Mühle

Für die Füllung:
150 g Blattspinat
Salzwasser oder Gemüsebrühe zum
Blanchieren
1 EL Butter
1 Knoblauchzehe
100 g geriebener Emmentaler
1 Prise Muskat

Außerdem:
Mehl zum Wenden
3 Eier
200 g Semmelbrösel
Butterschmalz zum Braten
Basilikumblättchen zum Garnieren

1 Die küchenfertigen Kalbsschnitzel unter fließendem Wasser waschen, trocken tupfen, dünn klopfen, mit Salz und Pfeffer würzen und auf eine Arbeitsfläche legen.

2 Für die Füllung den Blattspinat verlesen, waschen, gut abtropfen lassen und grob hacken. Salzwasser oder Gemüsebrühe in einem Topf erhitzen und den Spinat darin blanchieren.

3 Den Spinat herausnehmen, in Eiswasser abschrecken, gut abtropfen lassen und bereitstellen.

4 Die Butter in einer Pfanne erhitzen. Die geschälte Knoblauchzehe fein hacken, ins Fett geben und glasig schwitzen. Den Spinat dazugeben, kurz mitschwitzen, vom Herd nehmen und leicht erkalten lassen.

5 Den geriebenen Emmentaler untermischen und das Ganze mit Salz, Pfeffer und Muskat würzen. Die Füllung auf den Kalbsschnitzeln verteilen, diese zusammenklappen und mit Zahnstochern feststecken.

6 Die gefüllten Schnitzel zuerst in Mehl wenden, anschließend durch die verschlagenen Eier ziehen und mit den Semmelbröseln panieren.

7 Das Butterschmalz in einer Pfanne erhitzen und die panierten Schnitzel darin auf beiden Seiten goldgelb ausbacken.

8 Die fertigen Schnitzel dekorativ anrichten, mit Basilikumblättchen garnieren und mit geschmorten Tomaten sofort servieren.

GEMÜSESCHNITZEL

FÜR 4 PERSONEN:

4 Putenschnitzel à 200 g
Salz, Pfeffer aus der Mühle
Mehl zum Wenden
2 Eier
150 g Semmelbrösel
Butterschmalz zum Braten

Für das Gemüse:
1 Zwiebel
2 Knoblauchzehen
2–3 EL Olivenöl
3 bunte Paprikaschoten
500 g Tomaten
2 TL gerebelte Kräuter der Provence
250 ml Tomatensaft
Kräuterzweige zum Garnieren

1 Die Putenschnitzel unter fließendem Wasser waschen, trocken tupfen, gut klopfen, mit Salz und Pfeffer würzen und in Mehl wenden.

2 Die Eier in einem tiefen Teller verschlagen und die Semmelbrösel in einen zweiten Teller geben. Die Schnitzel durch die Eier ziehen und mit den Semmelbröseln panieren.

3 Das Butterschmalz in einer Pfanne erhitzen und die Schnitzel darin goldgelb ausbacken, herausnehmen und warm stellen.

4 Die Zwiebel und die Knoblauchzehen schälen, würfeln, ins verbliebene Bratfett geben und glasig schwitzen.

5 Die Paprikaschoten halbieren, entkernen, waschen, klein schneiden, zu den Knoblauchzwiebeln geben und glasig schwitzen.

6 Die Tomaten waschen, vom Strunk befreien und die Tomaten in Würfel schneiden. Mit den Kräutern unter das Gemüse mischen, mit dem Tomatensaft ablöschen, mit Salz und Pfeffer abschmecken und fünf Minuten köcheln.

7 Die Schnitzel auf Tellern dekorativ anrichten, das Gemüse darauf verteilen, mit Kräuterzweigen garnieren und sofort servieren.

Tipp:
Pfannen mit einer guten Antihaft-Versiegelung schließen ein Anbrennen fast aus und lassen sich außerdem sehr gut reinigen. Grillpfannen haben einen gerillten Boden, in dem sich das Bratfett sammelt, und das Bratgut liegt auf den heißen Stegen. Diese Pfannen eignen sich nur für Schnitzel, die nicht mehliert und ohne Panade, also „natur" gebraten werden.

WIENER SCHNITZEL

FÜR 4 PERSONEN:

8 Kalbsschnitzel à 100 g
Salz, Pfeffer aus der Mühle
2 EL Mehl
3 Eier
150 g Semmelbrösel
Butterschmalz zum Braten

Außerdem:
8 Zitronenscheiben
Salatblätter, Zwiebelringe und
Kirschtomatenhälften zum
Garnieren

1 Die Kalbsschnitzel unter fließendem Wasser waschen, trocken tupfen, leicht klopfen, mit Salz und Pfeffer würzen und in Mehl wenden.

2 Die Schnitzel durch die verschlagenen Eier ziehen und mit den Semmelbröseln panieren.

3 Reichlich Butterschmalz in einer Pfanne erhitzen und die Schnitzel darin langsam auf beiden Seiten goldbraun braten.

4 Die Wiener Schnitzel auf heißen Tellern anrichten.

5 Jedes Schnitzel mit einer Zitronenscheibe belegen, das Ganze mit Salatblättern, Zwiebelringen und Kirschtomatenhälften garnieren und mit Pommes frites und einem gemischten Salat sofort servieren.

Tipp:

Schnitzel aus Filetsteak, das sind dünne, 2 cm dicke Filetscheiben, die nach Ihrem persönlichen Geschmack gebraten werden. Stark blutig (rare, bleu), wird es von jeder Seite etwa eine Minute gebraten. Soll die Filetscheibe in der Mitte blutig sein (medium rare, saignant), braten Sie sie auf jeder Seite etwa zwei Minuten. Eine halb durchgebratene Filetscheibe mit einem leicht blutigen Kern (medium, à point) benötigt etwa drei Minuten auf jeder Seite und eine ganz durchgebratene (welldone, bien cuit) braucht jeweils vier Minuten. Eine noch nicht durchgebratene Filetscheibe gibt auf Fingerdruck je nach Bratdauer sehr leicht bis leicht nach, eine durchgebratene Filetscheibe kaum. Sie ist fest. Schweine-, Kalbs-, Lamm- und Wildschnitzel sollten Sie immer fast durchbraten (medium, à point).

JÄGERSCHNITZEL

FÜR 4 PERSONEN:

8 kleine Schweineschnitzel à 100 g
Salz, Pfeffer aus der Mühle
Mehl zum Wenden
2 Eier, 150 g Semmelbrösel
Butterschmalz zum Braten

Für die Soße:
100 g durchwachsener,
geräucherter Speck, 1 Zwiebel
400 g frische Champignons
Saft von 1 Zitrone
400 ml gebundene Bratensoße
100 ml süße Sahne
2 EL mittelscharfer Senf
Kräuterzweige und Tomatenröschen
zum Garnieren

1 Die Schweineschnitzel unter fließendem Wasser waschen, trocken
tupfen, mit Salz und Pfeffer würzen
und in Mehl wenden.

2 Die Schnitzel durch die verschlagenen Eier ziehen und mit den
Semmelbröseln panieren.

3 Schmalz in einer Pfanne erhitzen
und die Schnitzel darin braten,
herausnehmen und warm stellen.

4 Den Speck in feine Würfel schneiden, ins verbliebene Bratfett geben und auslassen. Die Zwiebel schälen, in feine Würfel schneiden, zum
Speck geben und kurz mitbraten.

5 Die Champignons verlesen, putzen, je nach Bedarf klein schneiden, mit Zitronensaft beträufeln, zu
den Speckzwiebeln geben und kurz
mitbraten.

6 Die Bratensoße angießen, das
Ganze zum Kochen bringen und
bei mäßiger Hitze 6–8 Minuten
köcheln lassen. Die Sahne mit dem
Senf einrühren und die Soße mit Salz
und Pfeffer würzen.

7 Die Schnitzel mit der Soße dekorativ anrichten, mit Kräuterzweigen und Tomatenröschen garnieren und mit Spätzle und einem
gemischten Salat sofort servieren.

Tipp:
Koteletts werden je nach
Dicke 10 Minuten oder länger gebraten. Geflügelsteaks
und -schnitzel sind besonders fettarm und leicht ver-
daulich. Putenschnitzel werden auf jeder Seite etwa zwei
Minuten, Hähnchenfilets
etwas länger, je nach Stärke
2–3 Minuten, gebraten. Zu
langes Braten macht das
Fleisch trocken. Fischsteaks,
-filets und -schnitzel werden
je nach Dicke 3–5 Minuten
gebraten. Auch Fisch wird
durch zu langes Braten
trocken und faserig.

SCHWÄBISCHER SCHNITZELTOPF

FÜR 4 PERSONEN:

8 küchenfertige Schweineschnitzel
à 100 g
Salz, Pfeffer aus der Mühle
1 EL Paprikapulver edelsüß
Butterschmalz zum Braten
1 Zwiebel, 2 Knoblauchzehen
100 ml Weißwein
200 ml Gemüse- oder Fleischbrühe
200 ml süße Sahne
dunkler Soßenbinder
600 g hausgemachte Spätzle oder
aus dem Kühlregal
Butter zum Anbraten und für die
Form
1 Prise Muskat
200 g geriebener Emmentaler
50 g Röstzwiebeln (Fertigprodukt)
1 Bund Petersilie

1 Die Schweineschnitzel unter fließendem Wasser waschen, trocken
tupfen, leicht klopfen, mit Salz, Pfeffer
und Paprikapulver kräftig würzen.

2 Das Butterschmalz in einer Pfanne erhitzen und die Schweineschnitzel darin auf beiden Seiten
anbraten, herausnehmen und bereitstellen.

3 Die Zwiebel und die Knoblauchzehen schälen, in feine Würfel
schneiden, ins verbliebene Bratfett
geben und glasig schwitzen.

4 Mit dem Weißwein ablöschen, mit
der Gemüse- oder Fleischbrühe
und der Sahne aufgießen, zum Kochen bringen, kurz einreduzieren lassen und mit dunklem Soßenbinder
binden.

5 Die fertig gegarten Spätzle in der
erhitzten Butter in einer Pfanne
anbraten, mit Salz, Pfeffer und Muskat
kräftig würzen.

6 Eine Auflaufform ausfetten, die
Spätzle schichtweise mit dem
geriebenen Emmentaler und den Röstzwiebeln einfüllen und in dem auf
180 °C vorgeheizten Backofen 20 Minuten backen.

7 Die Schnitzel darauflegen, die
Soße angießen und das Ganze
weitere 10 Minuten im Backofen
backen. Den schwäbischen Schnit-
zeltopf herausnehmen, dekorativ
anrichten, mit der verlesenen, gewaschenen und fein gehackten Petersilie
bestreuen und sofort servieren.

HÄHNCHENSCHNITZELCHEN MIT RUCOLA

FÜR 4 PERSONEN:

600 g Hähnchenbrustfilet
Salz, Pfeffer aus der Mühle
Mehl zum Wenden
Butterschmalz zum Braten

Für den Salat:
1 Zwiebel, 2 Tomaten
200 g Rucola
100 ml Gemüsebrühe
50 ml weißer Balsamicoessig
Saft von 1 Zitrone
50 g grüne Oliven
1 EL geriebener Parmesankäse
einige Zweige Basilikum und
Thymian
1 Prise Zucker
1 Prise Cayennepfeffer
75 ml Olivenöl

Außerdem:
Oliven- und Zitronenscheiben zum
Garnieren

1 Das küchenfertige Hähnchenbrustfilet unter fließendem
Wasser waschen, trocken tupfen und
schräg in dünne Scheiben schneiden,
die Scheiben leicht klopfen.

2 Die Schnitzelchen mit Salz und
Pfeffer kräftig würzen und in
Mehl wenden.

3 Butterschmalz in einer Pfanne
erhitzen, die Schnitzelchen darin
braten, herausnehmen und warm stellen.

4 Für den Salat die Zwiebel schälen,
in Scheiben schneiden, die Tomaten enthäuten, entkernen und in
Streifen schneiden.

5 Den Rucola verlesen, waschen,
gut abtropfen lassen, mit den
Zwiebelscheiben und den Tomaten in
eine Schüssel geben und alles vorsichtig vermischen.

6 Für das Dressing die Gemüsebrühe mit dem Balsamicoessig und
dem Zitronensaft verrühren. Die
Oliven fein hacken und mit dem
Parmesankäse untermischen.

7 Die Kräuter verlesen, waschen,
fein schneiden, unter das Dressing ziehen und das Ganze mit Salz,
Pfeffer, Zucker und Cayennepfeffer
kräftig würzen.

8 Das Olivenöl einrühren und den
Salat damit anmachen. Den Salat
mit den Schnitzelchen auf Tellern
dekorativ anrichten, mit Oliven- und
Zitronenscheiben garnieren und sofort
servieren.

BÖHMISCHE SCHNITZEL MIT WURZELGEMÜSE

FÜR 4 PERSONEN:

8 küchenfertige Schweineschnitzel
à 100 g
Salz, Pfeffer aus der Mühle
1 TL Paprikapulver rosenscharf
Butterschmalz zum Braten
2 Lorbeerblätter
300 g Sauerrahm
2 TL Kümmel

Für das Gemüse:
1 kleine Sellerieknolle
500 g Karotten, 3 Zwiebeln
3 EL Butter
2 Zweige Rosmarin
1 TL Zucker
250 ml Gemüse- oder Fleischbrühe
1 Prise Cayennepfeffer
1 Prise Muskat
½ Bund Petersilie

1 Die Schweineschnitzel unter fließendem Wasser waschen, trocken
tupfen, leicht klopfen, mit Salz, Pfeffer
und Paprikapulver würzen.

2 Das Butterschmalz in einer Pfanne erhitzen. Die Schnitzel auf beiden Seiten anbraten und die Lorbeerblätter dazugeben.

3 Den Sauerrahm mit dem Kümmel
verrühren, mit Salz und Pfeffer
würzen, gleichmäßig über die Schnitzel verteilen und diese in dem auf
200 °C vorgeheizten Backofen 15 Minuten backen.

4 Für das Gemüse den Sellerie, die
Karotten und die Zwiebeln schälen, Sellerie und Karotten waschen
und alles in mundgerechte Würfel
schneiden.

5 Die Butter in einem Topf erhitzen
und das Gemüse darin anschwitzen. Den Rosmarin und den Zucker
dazugeben, mit der Gemüse- oder
Fleischbrühe aufgießen und das
Ganze zum Kochen bringen.

6 Das Gemüse mit Salz, Pfeffer,
Cayennepfeffer und Muskat kräftig würzen und bei mäßiger Hitze bissfest garen.

7 Die böhmischen Schnitzel mit
dem Wurzelgemüse dekorativ anrichten, mit der verlesenen, gewaschenen und fein gehackten Petersilie
bestreuen und sofort servieren.

PANIERTE ZIGEUNERSCHNITZEL

FÜR 4 PERSONEN:

8 Schweineschnitzel à 80 g
Salz, Pfeffer aus der Mühle
1 Prise Cayennepfeffer
1 TL Paprikapulver edelsüß
Mehl zum Wenden, 2 Eier
150 g Semmelbrösel
Butterschmalz zum Braten

Für die Soße:

2 Zwiebeln
je 1 gelbe und orange Paprikaschote
4 Frühlingszwiebeln
100 ml Weißwein
300 ml gebundene Bratensoße
100 ml Tomatenketchup
1 EL Paprikapulver edelsüß
1 EL Karamellsirup
einige Tropfen Weinbrand

Außerdem:

Kräuterzweige und Zitronenschnitze
zum Garnieren

1 Die Schweineschnitzel unter fließendem Wasser waschen, trocken tupfen, mit Salz, Pfeffer, Cayennepfeffer und Paprikapulver würzen und in Mehl wenden.

2 Die Schnitzel durch die verschlagenen Eier ziehen und mit den Semmelbröseln panieren.

3 Das Butterschmalz in einer Pfanne erhitzen und die Schnitzel darin braten, herausnehmen und warm stellen.

4 Die Zwiebeln schälen, fein würfeln, ins verbliebene Bratfett geben und glasig schwitzen. Die Paprikaschoten halbieren, entkernen, waschen, in feine Streifen schneiden, zu den Zwiebeln geben und kurz mitbraten.

5 Die Frühlingszwiebeln putzen, waschen, in mundgerechte Stücke schneiden, zu den Paprikastreifen geben und ebenfalls kurz mitschwitzen. Mit Weißwein ablöschen und mit der gebundenen Bratensoße aufgießen.

6 Die Soße zum Kochen bringen. Den Tomatenketchup unterrühren, acht Minuten köcheln lassen und mit Paprikapulver, Karamellsirup, Salz und Pfeffer abschmecken.

7 Die Soße mit Weinbrand aromatisieren. Die panierten Schnitzel mit der Soße dekorativ anrichten, mit Kräuterzweigen und Zitronenschnitzen garnieren und mit je einer Portion bissfest gegartem Reis oder Baguettes servieren.

SCHNITZELBURGER

FÜR 4 PERSONEN:

4 küchenfertige Schweineschnitzel
à 160 g
Salz, Pfeffer aus der Mühle
einige Tropfen Zitronensaft
Mehl zum Wenden
3 Eier
150 g Semmelbrösel
Butterschmalz zum Braten

Außerdem:

4 Sesambrötchen
einige Salatblätter
4 Essiggurken
100 g Salatmayonnaise
100 g Chiliketchup
einige Tropfen Weinbrand
einige Tropfen Worcestersoße

1 Die Schweineschnitzel unter fließendem Wasser waschen, trocken tupfen, mit Salz und Pfeffer würzen, mit Zitronensaft beträufeln und in Mehl wenden.

2 Die Eier in einem tiefen Teller verschlagen und die Semmelbrösel in einen zweiten Teller geben. Die Schnitzel durch die Eier ziehen und mit den Semmelbröseln panieren.

3 Das Butterschmalz in einer Pfanne erhitzen und die Schnitzel darin goldgelb ausbacken, herausnehmen und warmstellen.

4 Die Sesambrötchen halbieren und kurz aufbacken. Die Salatblätter verlesen, waschen und gut abtropfen lassen, die Essiggurken in dünne Scheiben schneiden.

5 Die Salatmayonnaise mit dem Chiliketchup in einer Schüssel verrühren, mit Weinbrand und Worcestersoße verfeinern, mit Salz und Pfeffer abschmecken.

6 Die unteren Hälften der Sesambrötchen mit der Soße bestreichen. Schichtweise Salatblätter, Gurkenscheiben und je ein Schnitzel darauflegen, mit der restlichen Soße beträufeln, mit der oberen Brötchenhälfte abdecken, dekorativ anrichten und mit Kartoffelwedges servieren.

Tipp:

Generell sollten Sie beim Pfannenkauf auf gut isolierte Griffe achten. Heiße Pfannen dürfen wegen hoher Spritz- und Verbrennungsgefahr nie sofort nach dem Braten mit Wasser gefüllt werden! Lassen Sie die Pfanne erst etwa 10 Minuten abkühlen, bevor Sie sie mit heißem Wasser reinigen. Bei Bedarf verwenden Sie ein mildes Spülmittel, aber niemals scharfe Putzmittel oder spitze Gegenstände zum Reinigen!

SALTIMBOCCA ALLA ROMANA

FÜR 4 PERSONEN:

8 kleine Kalbsschnitzel à 60–80 g
Salz, Pfeffer aus der Mühle
8 dünne Scheiben Parmaschinken
8 große Salbeiblätter

Außerdem:
200 g Spaghetti, Salzwasser
einige Tropfen Olivenöl
4 EL Olivenöl
4 EL Basilikumpesto
Kirschtomatenhälften, gebratene
Zucchinischeiben und Salbeiblättchen zum Garnieren

1 Die Schnitzel unter fließendem Wasser waschen, trocken tupfen, leicht klopfen, mit Salz und Pfeffer kräftig würzen.

2 Jedes Schnitzel mit einer Schin-kenscheibe und einem Salbeiblatt belegen, mit Zahnstochern feststecken.

3 Die Spaghetti im Salzwasser mit dem Olivenöl bissfest garen, ab-gießen, abschrecken, gut abtropfen lassen und bereitstellen.

4 Etwas Olivenöl in einer Pfanne erhitzen und die Kalbsschnitzel-chen darin braten, herausnehmen und warm stellen.

5 Das restliche Olivenöl ins verblie-bene Bratfett geben, die Spaghetti dazugeben, durchschwenken und erhitzen. Das Basilikumpesto unter-mischen, die Spaghetti mit Salz und Pfeffer abschmecken.

6 Die Saltimbocca mit den Spaghet-ti dekorativ anrichten, mit Kirsch-tomatenhälften, gebratenen Zucchini-scheiben und Salbeiblättchen garnie-ren und sofort servieren.

Tipp:

Für alles, was scharf ange-braten werden soll, benötigen Sie hoch erhitzbares Fett, bei-spielsweise gehärtetes und ungehärtetes Kokos- und Plattenfett, Butterschmalz oder auch Speiseöl. Butter, Pflanzenmargarine, Diätmar-garine, Halbfettmargarine und -butter sowie kaltge-presstes Öl sind dafür nicht geeignet.

Da Butter sehr leicht ver-brennt, kann man sie zum milden Braten mit der glei-chen Menge Öl mischen. Pflanzenmargarine lässt sich nicht hoch erhitzen und ist deshalb auch nur bedingt zum Braten zu verwenden.

SALAMISCHNITZEL MIT ENDIVIENSALAT

FÜR 4 PERSONEN:

8 küchenfertige Schweineschnitzel
à 100 g
Salz, Pfeffer aus der Mühle
Mehl zum Wenden
3 Eier, 50 ml süße Sahne
200 g Semmelbrösel
Butterschmalz zum Braten
200 g Salami
2 Knoblauchzehen
3 Tomaten

Für den Salat:
1 kleiner Kopf Endiviensalat
100 g Rucola
1 Kästchen Kresse
50 ml Estragonessig
100 ml Orangensaft
2 EL Honig
1 Prise Cayennepfeffer
75 ml Traubenkernöl

Außerdem:
Basilikumblättchen zum Garnieren

1 Die Schweineschnitzel unter fließendem Wasser waschen, trocken
tupfen, leicht klopfen, mit Salz und
Pfeffer würzen und in Mehl wenden.

2 Die Eier mit der Sahne in einem
tiefen Teller verschlagen und die
Semmelbrösel in einen zweiten Teller
geben. Die Schnitzel durch die Eier
ziehen und mit den Semmelbröseln
panieren.

3 Das Butterschmalz in einer Pfanne erhitzen und die Schnitzel
darin goldgelb ausbacken, herausnehmen und warm stellen.

4 Die Salami in Würfel schneiden.
Die Knoblauchzehen schälen, fein
würfeln, mit den Salamiwürfeln ins
verbliebene Bratfett geben und anbraten.

5 Die Tomaten waschen, vom
Strunk befreien, die Tomaten in
Scheiben schneiden, zur Salami geben
und kurz mitbraten.

6 Den Endiviensalat verlesen, waschen, zerpflücken und je nach
Bedarf klein schneiden. Mit dem verlesenen, gewaschenen und gut abgetropften Rucola und der verlesenen,
gewaschenen Kresse in einer Schüssel
vermischen.

7 Den Estragonessig mit dem Orangensaft und dem Honig in einer
Schüssel verrühren. Das Dressing mit
Salz, Pfeffer und Cayennepfeffer
kräftig abschmecken, das Öl einrühren
und den Salat damit anmachen.

8 Je ein Schnitzel auf einen Teller
legen, die Tomatenscheiben mit
den Salamiwürfeln gleichmäßig darauf
verteilen und mit je einem weiteren
Schnitzel belegen. Den Endiviensalat
dazugeben, mit Basilikumblättchen
garnieren und sofort servieren.

SCHNITZEL STROGANOFF

FÜR 4 PERSONEN:

4 Kalbsschnitzel à 180 g
Salz, Pfeffer aus der Mühle
Mehl zum Wenden, 3 Eier
150 g Semmelbrösel
Butterschmalz zum Braten

Für die Soße:

100 g Schalotten
2 EL Butter
30 g getrocknete, eingeweichte
Steinpilze
100 g Essiggurken
200 g frische Champignons
einige Tropfen Zitronensaft
100 ml Weißwein
200 ml Gemüse- oder Fleischbrühe
heller Soßenbinder zum Binden
200 g Sauerrahm
½ Bund Petersilie

1 Die küchenfertigen Kalbsschnitzel unter fließendem Wasser waschen, trocken tupfen, leicht klopfen, mit Salz und Pfeffer kräftig würzen und in Mehl wenden.

2 Die Eier in einer Schüssel verschlagen, die Schnitzel durch die Eier ziehen und mit den Semmelbröseln panieren.

3 Das Butterschmalz in einer Pfanne erhitzen und die Schnitzel darin goldgelb ausbacken, herausnehmen und warm stellen.

4 Die Schalotten schälen, in Scheiben schneiden oder vierteln. Die Butter in einer Pfanne erhitzen und die Schalotten darin anschwitzen.

5 Die Steinpilze und die Essiggurken gut abtropfen lassen, in Streifen schneiden, zu den Schalotten geben und kurz mitschwitzen.

6 Die Champignons putzen, in Streifen schneiden, mit Zitronensaft beträufeln, in die Pfanne geben und ebenfalls kurz mitschwitzen.

7 Mit Weißwein ablöschen und mit der Gemüse- oder Fleischbrühe aufgießen. Das Einweichwasser der Steinpilze hinzufügen, das Ganze zum Kochen bringen und fünf Minuten bei starker Hitze einreduzieren lassen.

8 Die Soße mit hellem Soßenbinder leicht binden. Den Sauerrahm einrühren, erhitzen, aber nicht mehr kochen lassen.

9 Die Schnitzel dekorativ anrichten, mit der Soße überziehen, mit der verlesenen, gewaschenen und fein gehackten Petersilie bestreuen und mit Zucchinigemüse und Bandnudeln sofort servieren.

SCHWEIZER SCHNITZEL MIT LAUCHSALAT

FÜR 4 PERSONEN:

4 küchenfertige Schweineschnitzel
à 200 g
Salz, Pfeffer aus der Mühle
100 g geriebener Emmentaler
100 g geriebener Edamer
Mehl zum Wenden
3 Eier
150 g Semmelbrösel
Butterschmalz zum Braten

Für den Salat:
2 Stangen Lauch
1 Zwiebel
Gemüsebrühe zum Blanchieren
100 g Kirschtomaten
75 ml Kräuteressig
1 Prise Zucker
75 ml Sonnenblumenöl

1 Die Schweineschnitzel unter fließendem Wasser waschen, trocken
tupfen, gut klopfen, mit Salz und
Pfeffer würzen.

2 Den Emmentaler und den Edamer
vermischen, gleichmäßig auf den
Schnitzeln verteilen, diese zusammenklappen und mit Rouladennadeln
oder Zahnstochern zusammenstecken.

3 Die Schnitzel in Mehl wenden.
Die Eier in einem tiefen Teller verschlagen und die Semmelbrösel in
einen zweiten Teller geben. Die
Schnitzel durch die Eier ziehen und
mit den Semmelbröseln panieren.

4 Das Butterschmalz in einer
Pfanne erhitzen und die Schnitzel
darin goldgelb ausbacken, herausnehmen und warm stellen.

5 Für den Salat den Lauch putzen,
waschen, die Zwiebel schälen und
beides in Scheiben schneiden.

6 Die Gemüsebrühe in einem Topf
erhitzen. Zwiebel- und Lauch-
scheiben darin blanchieren, herausnehmen, gut abtropfen lassen und in
eine Schüssel geben.

7 Die Kirschtomaten waschen, vom
Strunk befreien, je nach Bedarf
halbieren oder vierteln und unter den
Lauchsalat heben.

8 Den Kräuteressig mit 75 ml Gemüsebrühe in einer Schüssel verrühren, mit Salz, Pfeffer und Zucker
abschmecken. Das Sonnenblumenöl
einrühren und den Salat mit dem
Dressing anmachen.

9 Die Schweizer Schnitzel dekorativ
anrichten, den Lauchsalat dazugeben, garnieren und sofort servieren.

FITNESSSCHNITZEL MIT TOMATENSALSA

FÜR 4 PERSONEN:

8 küchenfertige Kalbsschnitzelchen
à 100 g, Salz, Pfeffer aus der Mühle
Mehl zum Wenden, 3 Eier
50 ml Milch, 50 g Semmelbrösel
100 g kernige Haferflocken
Butterschmalz zum Braten

Für die Soße:

1 Knoblauchzehe, 2 Schalotten
1 Dose Pizzatomaten (400 ml)
50 g geriebener Parmesankäse
3 EL Olivenöl
1 Prise Cayennepfeffer
1 Prise Zucker
Zitronenecken und Kerbelzweige
zum Garnieren

1 Die Schnitzel unter fließendem Wasser waschen, trocken tupfen, mit Salz und Pfeffer würzen und in Mehl wenden.

2 Die Eier mit der Milch in einen tiefen Teller geben und verschlagen. Die Semmelbrösel mit den Haferflocken in einen zweiten Teller geben und vermischen. Die Schnitzel durch die Eier ziehen und mit der Semmelbrösel-Haferflocken-Mischung panieren.

3 Das Butterschmalz in einer Pfanne erhitzen und die Schnitzel darin goldgelb ausbacken, herausnehmen und warm stellen.

4 Die Knoblauchzehe und die Schalotten schälen und fein würfeln. Mit den Pizzatomaten, dem Parmesankäse und dem Olivenöl im Mixer oder mit dem Pürierstab pürieren. Die Soße mit Salz, Pfeffer, Cayennepfeffer und Zucker kräftig abschmecken.

5 Die Fitnessschnitzel mit der Tomatensalsa dekorativ anrichten, mit Zitronenecken und Kerbelzweigen garnieren und mit einem Paprikasalat sofort servieren.

Tipp:

Versuchen Sie auch einmal Lamm- oder Wildschnitzel. Auch hier gilt: Achten Sie besonders auf die Qualität. Lammfleisch sollte nur von Tieren verwendet werden, die beim Schlachten nicht älter als vier Monate sind. Es sollten Weidetiere sein, denn nur dieses Fleisch ist zart und fein gemasert.
Wildfleisch sollten Sie ebenfalls nur dort einkaufen, wo Sie sicher sind, dass dieses Fleisch fachgerecht vorbereitet wurde und aus heimischen Wäldern stammt. Sicherlich kennen Sie einen Jäger in Ihrer Nachbarschaft, der Ihnen das Wildbret von Reh, Hirsch, Damwild und Wildschwein liefern kann.

PICCATA ALLA MILANESE

FÜR 4 PERSONEN:

8 Kalbsmedaillons à 80–100 g
Salz, Pfeffer aus der Mühle
Mehl zum Wenden, 3 Eier
2 Tassen geriebener Parmesankäse
2–3 EL Olivenöl, 2–3 EL Butter

2–3 Schalotten, 2–3 Tomaten
500 ml gebundene Bratensoße
Zitronenecken, Zitronenscheiben,
Salatblätter und Tomatenecken zum
Garnieren

1 Die Kalbsmedaillons unter fließendem Wasser waschen, trocken tupfen und leicht klopfen. Das Fleisch mit Salz und Pfeffer würzen und im Mehl wenden.

2 Die Eier in einen Suppenteller geben und mit einer Gabel verschlagen. Den Parmesankäse ebenfalls in einen Suppenteller geben.

3 Die Kalbsmedaillons zuerst durch die Eier ziehen und dann mit dem Parmesankäse panieren.

4 Öl und Butter erhitzen. Die Kalbsmedaillons im Bratfett goldgelb braten. Die Kalbsmedaillons dekorativ anrichten.

5 Die geschälten, gewürfelten Schalotten und die gewaschenen und gewürfelten Tomaten im Bratfett glasig schwitzen. Die Bratensoße angießen und zum Kochen bringen. Die Soße zu den Medaillons geben, das Ganze mit Zitronenecken und -scheiben, Salatblättern und Tomatenecken garnieren und mit Knoblauch-Pizza-Brot sofort servieren.

Tipp:

Alle Bratenstücke werden nach dem Anbraten immer wieder gewendet, damit sie nicht zu schnell Farbe nehmen und zu braun werden. Besonders fein schmecken Schnitzel – ob natur gebraten oder paniert –, wenn sie kurz vor Bratende mit etwas flüssiger Butter beträufelt und nach dem Braten mit geschrotetem Pfeffer bestreut werden. Sie können aber auch hochprozentigen Alkohol (Cognac, Whisky oder Rum) in die heiße Pfanne gießen und die Schnitzel flambieren.

Falls Sie zu den Schnitzeln eine Soße servieren möchten, löschen Sie den Bratensatz mit etwas Wein, Brühe oder Wasser ab, kochen den Fond um die Hälfte ein, geben nach Geschmack Senf, Sahne, Kräuter oder Gewürze dazu und lassen die Soße so lange kochen, bis sie leicht dicklich geworden ist.

FITNESSSALAT MIT SCHNITZELSTREIFEN

FÜR 4 PERSONEN:

500 g Schweineschnitzel
Salz, Pfeffer aus der Mühle
1 TL Paprikapulver rosenscharf
1 TL Knoblauchgranulat, Mehl zum
Wenden, 2 Eier, 150 g Semmelbrösel, Fett zum Frittieren

Für den Salat:
1 kleiner Kopf grüner Salat
(Kopf- oder Eichblattsalat)
100 g frische Champignons
Saft von ½ Zitrone, 2 Tomaten
1 gelbe Paprikaschote
1 kleine Zwiebel

Für das Dressing:
100 ml Gemüsebrühe, 50 ml
Kräuteressig, Saft von ½ Zitrone
1 Prise Zucker, 75 ml Sonnenblumenöl, 2 EL geröstete, geschälte
Sonnenblumenkerne
Basilikumblättchen zum Garnieren

1 Die Schnitzel unter fließendem
Wasser waschen, trocken tupfen,
in mundgerechte Streifen schneiden,
mit Salz, Pfeffer, Paprikapulver und
Knoblauchgranulat würzen und die
Schnitzelstreifen in Mehl wenden.

2 Die Eier in einem Teller verschlagen und die Semmelbrösel in einen
zweiten Teller geben. Die Schnitzelstreifen durch die Eier ziehen und mit
den Semmelbröseln panieren.

3 Das Fett in einem Frittiertopf
erhitzen und die Schnitzelstreifen
darin goldgelb ausbacken, herausnehmen, auf Küchenkrepp gut abtropfen
lassen und warm stellen.

4 Den grünen Salat verlesen,
waschen, gut abtropfen lassen, in
mundgerechte Stücke zerpflücken
und in eine Schüssel geben. Die
Champignons putzen, in Scheiben
schneiden, mit Zitronensaft beträufeln.
Die Tomaten waschen, den Strunk
entfernen und die Tomaten achteln.

5 Die Paprikaschote halbieren, entkernen, waschen, gut abtropfen
lassen und würfeln. Die Zwiebel
schälen und in Scheiben schneiden.
Die Champignons, die Tomaten, die
Paprikawürfel und die Zwiebelscheiben zum Salat geben und alles
vorsichtig miteinander vermischen.

6 Für das Dressing die Gemüsebrühe mit dem Kräuteressig und
dem Zitronensaft in einer Schüssel
verrühren und mit Salz, Pfeffer und
Zucker abschmecken. Das Sonnenblumenöl tropfenweise einrühren und
den Salat damit anmachen.

7 Den Salat auf Tellern dekorativ
anrichten. Die Schnitzelstreifen
darauf verteilen, das Ganze mit den
gerösteten Sonnenblumenkernen
bestreuen, mit Basilikumblättchen
garnieren und sofort servieren.

PUTENSCHNITZEL MIT PAPRIKAGEMÜSE

FÜR 4 PERSONEN:

4 küchenfertige Putenschnitzel
à 200 g, Salz, Pfeffer aus der Mühle
Mehl zum Wenden, 3 Eier
50 ml Milch, 150 g Semmelbrösel
Butterschmalz zum Braten

Für das Gemüse:
2 grüne Paprikaschoten
1 Zwiebel, 2 EL Olivenöl, 250 g
Champignons, Saft von 1 Zitrone
500 ml gebundene dunkle
Geflügelsoße

Außerdem:
4 Tomaten, 50 g Semmelbrösel
2 EL gemischte, gehackte Kräuter
30 g geriebener Parmesankäse
50 g gehobelter Parmesankäse
Basilikumblättchen zum Garnieren

1 Die Putenschnitzel unter fließendem Wasser waschen, trocken tupfen, mit Salz und Pfeffer würzen und in Mehl wenden.

2 Die Eier mit der Milch in einem tiefen Teller verschlagen und die Semmelbrösel in einen zweiten Teller geben. Die Putenschnitzel durch die Eier ziehen und mit den Semmelbröseln panieren.

3 Das Schmalz erhitzen und die Schnitzel darin goldgelb backen, herausnehmen und warm stellen.

4 Für das Gemüse die Paprikaschoten halbieren, entkernen, waschen, gut abtropfen lassen und in Streifen schneiden. Die Zwiebel schälen und fein würfeln. Das Olivenöl in einer Pfanne erhitzen und die Zwiebelwürfel sowie die Paprikastreifen darin anschwitzen.

5 Die Champignons putzen, in Scheiben schneiden, mit Zitronensaft beträufeln, zum Gemüse geben und kurz mitschwitzen. Die Geflügelsoße angießen, das Ganze zum Kochen bringen und das Gemüse darin bissfest garen, mit Salz und Pfeffer abschmecken.

6 Die Tomaten waschen, vom Strunk befreien, eine Haube abschneiden und die Tomaten auf eine feuerfeste Platte setzen.

7 Die Semmelbrösel mit den gehackten Kräutern und dem geriebenen Parmesankäse vermischen, auf die Tomaten streuen und die Tomaten unter dem Grill oder im auf 220 °C vorgeheizten Backofen zehn Minuten überbacken.

8 Die panierten Putenschnitzel mit dem Gemüse und der Soße sowie den überbackenen Tomaten dekorativ anrichten, mit frisch gehobeltem Parmesankäse bestreuen, mit Basilikumblättchen garnieren und sofort servieren.

Register/Impressum

© Copyright 2010

garant Verlag GmbH, Renningen
www.garant-verlag.de

ISBN 978-3-86766-046-4